कानपुर जक्शन
एक नई दिशा

क़ाजी हम्माद अली

XpressPublishing
An imprint of Notion Press

XpressPublishing
An imprint of Notion Press

Old No. 38, New No. 6
McNichols Road, Chetpet
Chennai - 600 031

First Published by Notion Press 2020
Copyright © Qazi HAMMAD ALI 2020
All Rights Reserved.

ISBN 978-1-64783-837-9

This book has been published with all efforts taken to make the material error-free after the consent of the author. However, the author and the publisher do not assume and hereby disclaim any liability to any party for any loss, damage, or disruption caused by errors or omissions, whether such errors or omissions result from negligence, accident, or any other cause.

While every effort has been made to avoid any mistake or omission, this publication is being sold on the condition and understanding that neither the author nor the publishers or printers would be liable in any manner to any person by reason of any mistake or omission in this publication or for any action taken or omitted to be taken or advice rendered or accepted on the basis of this work. For any defect in printing or binding the publishers will be liable only to replace the defective copy by another copy of this work then available.

ये पुस्तक कानपुर के युवा लेखक ने अपने दादा जी (काजी अब्दुल अली)और अपने पिता(काजी अहमद अली) और अपने गुरू जी को जिन्होने लेखक महोदय को इस मुकाम पर पहुचाया है ।यह पुस्तक लेखक महोदय के मित्रो को भी समर्पित है और विशेषकर लेखक महोदय की जन्मस्थल कानपुर को समर्पित हैं ।

- काजी हम्माद अली

क्रम-सूची

1. हाल हमारा बदलेगा — 1
2. परिंदो की दुनिया — 3
3. बोलना नही आता — 5
4. परिंदो का जहाँ — 7
5. भूल गये है — 9
6. बचाना है — 10
7. परिंदो की भाषा — 11
8. अभियान चलाने वालो — 12
9. उड़ जाऊंगा — 13
10. दास्ताँने मुल्क — 14
11. आस लागाए बैठे है — 15
12. इस बात पर शर्मिन्दा है — 16
13. बैठा है — 17
14. डुबो दिया — 18
15. दिया है मुझको — 19
16. किधर जायेगा — 20
17. हो गया — 21
18. बोल उठे — 22
19. देखने के बाद — 23
20. फिरता हूँ — 24
21. नही आयी — 25
22. कानपुर — 26

क्रम-सूची

23. मौका दे दो	27
24. मोहब्बत	29
25. मुस्कराये मोहब्बत	30
26. हो गये	31
27. फलसफा	32
28. बताईये	33
29. अच्छा होता	34
30. बचपना	35
31. याद	36
32. बेवफा	37
33. बहुत आया	38
34. नफरत	39
35. इश्क़	40
36. इश्क़	41
37. बात	42
38. बदनाम	43
39. इश्क़ ए राह	44
40. आता	45
41. पूछता नही	46
42. बेदर्द ज़माना	47
43. इश्क़	48
44. हिसाब मांगेगा	49

क्रम-सूची

45. जनाज़ा 50

1. हाल हमारा बदलेगा

सरकार बदलती रहती हैं कब हाल हमारा बदलेगा
इस आस मे बैठे है सब लोग, कब देश हमारा बदलेगा

शिक्षा में कमी है हमसब की , हम कॉलेज से कोचिंग जाये
कब टीचर मेरे बदलेंगे, कब भविष्य हमारा बदलेगा

सरकार बदलती रहती हैं कब हाल हमारा बदलेगा
इस आस मे बैठे है सब लोग, कब देश हमारा बदलेगा

कक्षा मे टीचर सोते है, यह देख रहे बच्चे सारे
सोते हुए टीचर मिलते है ,कब साल हमारा बदलेगा

सरकार बदलती रहती हैं कब हाल हमारा बदलेगा
इस आस मे बैठे है सब लोग, कब देश हमारा बदलेगा

टीचर जी धमकी देते है, हमसे ही कोचिंग पढ़ना है
ना जाओ कोचिंग तो यारो, वह फेल हमे कर देते है

सरकार बदलती रहती हैं कब हाल हमारा बदलेगा
इस आस मे बैठे है सब लोग, कब देश हमारा बदलेगा

आधे से ज्यादा कॉलेज मे , इंटर पास ही टीचर है
कब शासन मेरा बदलेगा, कब साल हमारा बदलेगा

सरकार बदलती रहती हैं कब हाल हमारा बदलेगा
इस आस मे बैठे है सब लोग, कब देश हमारा बदलेगा

शिक्षा के इस मन्दिर मे, अपराध बहुत से होते है
कभी बच्चे सूली चढ़ते है, कभी शिक्षक खुद ड़रवाते है

सरकार बदलती रहती हैं कब हाल हमारा बदलेगा
इस आस मे बैठे है सब लोग, कब देश हमारा बदलेगा

"हम्माद" सभी से कहता है, बच्चे देश का फ्यूचर है
बदला ना शिक्षा का मन्दिर , तो क्यो देश हमारा बदलेगा

2. परिंदो की दुनिया

सियासत थोड़ी परिंदो ,पर भी किया जाये
सियासत थोड़ी परिंदो ,पर भी किया जाये

नही बचे है परिंदे, अब क्या किया जाये।
बचा रहे हो कुर्सियो को अपनी तो क्या किया जाये

सियासत थोड़ी परिंदो ,पर भी किया जाये
सियासत थोड़ी परिंदो ,पर भी किया जाये

बे ज़ुबाँ है इनसे भी अब मिला जाये।
दिया है बस परिंदो से भी मिला जाये।

सियासत थोड़ी परिंदो ,पर भी किया जाये
सियासत थोड़ी परिंदो पर भी किया जाये।

हमारी नजरों मे परिंदो का, वजूद है क्या
अगर है मिटते परिंदे तो क्यूँ जिया जाये

सियासत थोड़ी परिंदो पर भी किया जाये।
सियासत थोड़ी परिंदो पर भी किया जाये।

पैगाम देता है "हम्माद" ज़रा बचाओ तुम
ये बेज़ुबान है इन पर तरस तो खाओ तुम

सियासत थोड़ी परिंदो पर भी किया जाये।
सियासत थोड़ी परिंदो पर भी किया जाये।

3. बोलना नही आता

मै परिन्दा हूँ, मुझे बोलना नही अता
मै परिन्दा हूँ, मुझे बोलना नही अता

तुम सियासत मे लगे हो, मै मुसीबत मे फँसा हूँ
तुम कमाने मे लगे हो , मै तो मुश्किल मे फँसा हूँ

मै परिन्दा हूँ, मुझे बोलना नही आता
मै परिन्दा हूँ, मुझे बोलना नही आता

दर्द करने को बयाँ मुहँ में ज़ुबाँ होती है
बेज़ुबां हूँ मेरे दिल मे भी जान होती है

मै परिन्दा हूँ, मुझे बोलना नही आता
मै परिन्दा हूँ, मुझे बोलना नही आता

तुम सियासत के परिंदे हो, मै आसमान का हूँ
समझ सको मेरे अल्फाज़ को समझ लो तुम

मै परिन्दा हूँ, मुझे बोलना नही आता

कानपुर जक्शन

मै परिन्दा हूँ, मुझे बोलना नही आता

क्यो मिटाते हो मुझे, अपने ऐश की खातिर
तुम सियासत के झमेले से निकल कर देखो

मै परिन्दा हूँ, मुझे बोलना नही आता
मै परिन्दा हूँ, मुझे बोलना नही आता

4. परिंदो का जहाँ

सारे जहां से अच्छा ये परिंदो का जहां ,
मुश्किल बहुत है लेकिन जीना परिंदो का यहाँ!*

सारे परिंदे कहकर, ख़ामोश हो गए हैं,*
इन्सान के शोर में अब ,नग़मा कहाँ है हमारा !*

पर्वत वो सबसे ऊँचा, ग़म से पिघल रहा है ,*
मालूम है उसे भी , दर्दे निशां परिन्दा !*

सियासत सिखा रही हैं परिंदे बचेंगे कैसे,*
मिटता ही जा रहा है, नामो निशान परिन्दा !*

पूछे कोई जरा ये , जाते कहाँ परिंदे,*
मिटता ही जा रहा है नामो निशान परिन्दा !*

हर पेड़ पर सियासत, कब्जा जमा रही है ,*
किस शाख पऱ बनेगा अब आशियाँ परिन्दा*

अज़मत दरी घोटाले , दहशत गरी है हर सू ,*
अब है हंसी उड़ाता , सारा जहां हमारा !*

जंन्नत नुमा चमन में कैसे खिज़ा ना आए ,*

क़ातिल है परिंदो का, अब बागबाँ हमारा !*

हम्माद कह रहा है ,आकर बचा परिंदे,*
कैसे बदल गया है , हिन्दुस्तां हमारा !*

5. भूल गये है

हम परिंदो की वफ़ा भूल गए हैं
ज़िंदा तो है जीने की अदा भूल गए हैं

परिंदो की भी लुटती है ,इज़्ज़त इस जहां मे
सियासत का ये खेमा है, सिला भूल गए हैं

करते है परिंदो का हम सियासत से ही सौदा
तकलीफ जो होती है वो भूल गये है

मतलब के लिए करते है ,परिंदो का हम सौदा
उनमे भी है जान ,हम भूल गये है

डर मौत का और ख़ौफ़-ऐ-ख़ुदा भूल गए हैं
इन्सान है परिंदो की खता भूल गये है

अब मोम पिघल कर कोई पत्थर नही होता
अब कोई भी क़ुर्बान किसी पर नही होता

हम्माद ये सब है मुनाफिक का ही डेरा
बेलॉस परिंदो की ज़ुबाँ भूल गये है।

6. बचाना है

प्रदूषण मुक्त , बनाना है
परिंदो को , बचना है
हर घर मे, कहलाना है
परिंदो को , बचना है
सियासत को, मिटाना है
परिंदो को , बचाना है
प्रदूषण मुक्त , बनाना है
प्रदूषण मुक्त , बनाना है
सबको यही, बताना है
परिंदो को , बचाना है
नारा यही, लगना है
परिंदो को , बचाना है
इन्सान को, जगाना है
परिंदो को , बचाना है
प्रदूषण मुक्त , बनाना है
प्रदूषण मुक्त , बनाना है
दुनिया को,समझाना है
परिंदो को ,बचाना है
हमे आसमान तक , जाना है
परिंदो को ,बचाना है
प्रदूषण मुक्त , बनाना है

7. परिंदो की भाषा

मुझे नही पता तेरी भाषा, मै समझ भी पाऊंगा या नही
बस इतना जानता हू ,मेरी तरह तुझमे भी जान है
तू भी उस खुदा से मांगता है, मै भी उस खुदा से मांगता हूँ
जब दोनो का खुदा एक है ,तो फ़िर क्यू अलग पहचान है।

8. अभियान चलाने वालो

साल मे एक दफा, अभियान चलाने वालो
खुद को देखो ज़रा, परिंदो को बचाने वालो

घर तेरा कोई उजाड़े ,तो बुरा लगता है
देखलो खुद ही, परिंदो को मिटाने वालो

साल मे एक दफा ,अभियान चलाने वालो
खुद को देखो ज़रा, परिंदो को बचाने वालो

वक्त रहते ही सुधर, जाते तो अच्छा होता
यूँ ना मिटता ये ,परिंदो का आशियां कभी

देर करते हो ,अवाज उठाने वालो
साल मे एक दफा, अभियान चलाने वालो

कह रहा है यह ,"हम्माद" सुधार जाओ तुम
वरना मिट जायेगा घर तेरा, मिटाने वालो।

साल मे एक दफा , अभियान चलाने वालो
खुद को देखो ज़रा , परिंदो को बचाने वालो

9. उड़ जाऊंगा

मैं परिन्दा हूँ हवाओं, मे उड़ जाऊंगा,
जागते रहना, प्रदूषण से मर जाऊंगा।

हो के मायूस ,परिंदो ने इंसाँ से कहा,
ख़ाक में मिलकर भी मैं ,परिन्दा ही कह लाऊंगा

कौन सी शय है, जो मुझको बचाएगी सुनो
ये पता तब ही चलेगा, जब मै मर जाऊंगा।

कोशिशें मुझको मिटाने की ,भुला दो तुम सब
मिटते मिटते भी मैं, मिटने का मजा पाऊंगा
मै भी एक जान हूँ तुम भी एक जान हो
तुम भी मिट जाओगे ,मै भी मिट जाऊंगा।

मैं परिन्दा हूँ हवाओं, मे उड़ जाऊंगा,
जागते रहना, प्रदूषण से मर जाऊंगा।

10. दास्ताँने मुल्क

लिख रहा हूँ, दस्ताने मुल्क मैं
देखिये क्या हो, रहा है मुल्क मे

लोग बहरे हो गए है,अन्धे भी है
मुल्क मे गद्दार ,परिंदे भी है

हर हुकुमत ने, हमे लुटा सदा
हम थे मुफ़लिस,बोलो क्या करते भला

नौजवानो अब जाग, भी जाओ ज़रा
लुट रहा है मुल्क, और लुटता रहा

देखिये क्या हो, रहा है मुल्क मे
लिख रहा हूँ ,दस्ताने मुल्क मै

11. आस लागाए बैठे है

हम पागल है ,जो उन सबसे यह आस लागाए बैठे है
मरता है यहाँ पर, हर एक परिन्दा प्रदूषण की मार से

तब इन्किलाब का बैनर, हम लोग लागाए बैठे है
धिध्कार सियासत पर ऐसी,जो कुर्सी बचाए बैठे है

गुंगे है सियासत के पिटठू,जो बोल नही सकते है कुछ
यह मुल्क के ठेकेदार है ,जो गौरया बचाने आये है।

हम पागल है ,जो उन सबसे यह आस लागाए बैठे है
तब इन्किलाब का बैनर, हम लोग लागाए बैठे है

12. इस बात पर शर्मिन्दा है

बेटियाँ हम बचा ना पाये, इस बात पर शर्मिंदा है ।
कानून कोई हम ला ना पाये,इस बात पर शर्मिंदा हैं ।

सबकी इज़्ज़त लुट रही थी, धरती माँ के आंगन मे
देश की इज़्ज़त बचा ना पाये ,इस बात पर शर्मिंदा हैं

पहले छोटी बच्चियों के बदन को,नोचा जाता था
डॉक्टर को बचा ना पाये ,इस बात पर शर्मिंदा है

सियासत के ठेकेदार है वो,बैठ सियासत के दफ्तर मे
देश भर की हसीं उड़ाए,इस बात पर शर्मिन्दा है ।

इन्सान नही दरिंदे है वो,यह सबने ही देखा है
अपने को इन्सान बताये,इस पर शर्मिंदा है।

बेटियाँ हम बचा ना पाये, इस बात पर शर्मिंदा है ।
कानून कोई हम ला ना पाये,इस बात पर शर्मिंदा है।

13. बैठा है

क्यो कोई मुझसे खफा बैठा है
फर्क़ पड़ता है मुझे,मुझसे जुदा बैठा है
एक किस्सा मै सुनाता हूँ, सुनो मेरे हमदम
फख्र करता हूँ मै उसपर,जो पास मेरे बैठा है

14. डुबो दिया

बद अकल था ,जो समझ न सका तुमको ऐ फिराक
नादानियो ने मेरी, मुझे ही डुबो दिया

15. दिया है मुझको

मेरी गलती का सिला ऐसा मिला है मुझको
उसने दुनिया के लिए छोड़ दिया है मुझको

16. किधर जायेगा

आईना है टूटकर बिखर जायेगा
मेरी हसरत मे हर कोई निखर जायेगा
इश्क़ मे फलसफा है बहुत दोस्तो
मेरा महबूब है वो किधर जायेगा

17. हो गया

हालात ने सिखाया मुझे जीना ऐ "फिराक"
दिवानगी मे मै भी निलाम हो गया

18. बोल उठे

मेरी खामोशी को, ना समझो फितरत
मोहब्बत की जंजीरो मे बंधा बैठा हूँ
मै कोई गालिब और फिराक नही
जो धोखा मिलते ही शायरी बोल उठे

19. देखने के बाद

मुझे इडियट कहने का तुम्हे कोई हक़ नही
कब से भुला दिया है तुम्हे देखने के बाद

20. फिरता हूँ

मेरे शहर मे ,अध्यापक बहुत है
      मुझे पढ़ाने कोई नही आया
मैने भी सिख लिया ,औरो की फितरत
      अब दूसरो को पढ़ाता फिरता हूँ

21. नही आयी

मेरी तकदीर मे ,शायद तुम नही थे
    इसीलिये तो मुझे,बेवफा कहा तुमने
हज़ार बार तुम्हे याद करके रोया था
क्या मेरी याद तुम्हे ,एक दफा नही आयी

22. कानपुर

तमाम शहर फिरा, लेकिन नही मिला तुझसा
इसीलिये तो तुम्हे याद करता रहता हूँ
किसी ने पूछा मुझे रोककर,ऐ प्यारे सनम
तुम्हारे शहर का है नाम क्या बताओ ज़रा
उरूज यार मे मैने भी इस तरह से कहा
मै कानपुर का ही देखो रहने वाला हूँ

23. मौका दे दो

मेरी मोहब्बत है कहाँ..मेरा ठिकाना है कहाँ
रूठकर तुमसे मुझे देखलो जाना है कहाँ

सोचने के लिये एक बार तो मौक़ा दे दो
प्यार है तुमसे इसी बात पर मौका दे दो

अपनी आँखों में छुपा रक्खी है तस्वीर तेरी
अपनी पलकों पे सजा रखे हैं अरमान तेरे

मेरी आँखों को भी बरसात का मौक़ा दे दो
अबकी एक बार मुझे प्यार का मौका दे दो

आज की रात मेरे दिल का फ़साना सुन लो
काँप्ते होंठों की एक शिकायत सुन लो

आज इज़्हार-ए- मोहब्बत का मौक़ा दे दो
हम तुम्हारे है इस बात की इजाजत दे दो

भूलना था तो ये इज़्हार किया ही क्यो था
बेवफ़ा तूने मुझे प्यार किया ही क्यो था

सिर्फ़ एक बार सवालात का मौक़ा दे दो

कानपुर जक्शन

सिर्फ़ एक बार मुलाक़ात का मौका दे दो

24. मोहब्बत

ना मोहब्बत है कोई , ना ही है अब कोई गिला ,
ये तो क़िस्मत थी हमारी, जिसे चाहा ना मिला !

चाँदनी रात मे शोलो सा , जलता था बदन
भूल बैठा हूँ उस रात के, अरमानो को

धूप मे दिल की चाहत थी एक, ओस का बारिश
याद पंखुड़ियाँ , किताबे और तुम्हारी बाते

अब हुआ जाके यक़ीं मुझको , बेवफा थी तुम ,
अक्स जब तेरा आँखों में , दिखता है मुझे

साँसों से तेरी पिघल जाते थे , लब मेरे अक्सर ,
वक़्त याद आता है मुझे ,तेरी मोहब्बत का सिला

25. मुस्कराये मोहब्बत

दिल के होठों से यूँ मुस्काये मेरी मोहब्बत
ख़ुद ही साँसों से महक जाये मेरी मोहब्बत

चमकती धूप और है यहाँ दिलकश नज़ारा
दुआओं से है दिल मे मेरे मोहब्बत

चाँद भी तारे भी हैं और चाँदनी मदहोश भी है
रात को इक जश्न सा मनाये आयी है मेरी मोहब्बत

जो भी चाहूँ मैं वो हो रहा है सब यहाँ पर
ख़्वाब सारे यूँ ही सच हो गये मेरी मोहब्बत

क़ुदरती हर बात है और क़ुदरती सौग़ात है
क़ुदरतों सा हर पल यूँ सजाये है मेरी मोहब्बत

26. हो गये

मुझे समझते थे बेवफा तुम
लोग मेरे फेल के दीवाने हो गये

27. फलसफा

बंज़र जमीन पर उग गया तकदीर ए कायनात
किससे मुझे मोहब्बत थी यह फलसफा रहा

28. बताईये

मेरे लबों को छूकर कहा उसने दोस्तो
किस शहर से आये हो मुझे भी बताईय

29. अच्छा होता

मेरी चाहत को समझ जाते तो अच्छा होता
यूँ किसी गैर का होने से तो अच्छा होता

30. बचपना

खफा न होना तुम "हम्माद" उनसे
सुना है बचपना उनमे बहुत है

31. याद

एक दिन ऐसा न गुजरा होगा,जब तेरी याद न आई होगी
देखकर तस्वीर तेरी,बाते मै कर लेता हूँ
इश्क़ मे गुमसुम क्यो बैठे हो "हम्माद"
वो नही आई सही,याद तो आई होगी

32. बेवफा

उम्रभर तुमने उसे बेवफा समझा "हम्माद"
आखरी वक्त मे तुम उसको समझ क्यो न सके

33. बहुत आया

याद वो भी मुझे बहुत आया
याद मै भी उन्हे बहुत आया
सोचता था कि मिलकर कह दूँगा
बाद मे मै भी खूब पछताया

34. नफरत

इश्क़ से नफरत मुझे होने लगी "हम्माद"
लोग कहते है कि मै बदला हुआ हूँ

35. इश्क़

हमारा इश्क़ सच्चा है
दिखावा हम नही करते
मगर अब दिल की खवहिश है
तू उसको भूल जा "हम्माद"

36. इश्क़

इश्क़ करने को चल दिया "हम्माद"
क्या खबर, बेवफा वो निकलेगी

37. बात

बात दिल की दिल मे रखते है
और तन्हा ही खुद तडपते है

तुमसे हम कितना प्यार करते है
तुमसे कहने से ही क्यू डरते है

सामने जब भी तुम मेरे आये
राज़ ए उल्फत कही न खुल जाये

बस इसी बात से तो डरते है
दिल ही दिल मे तुम्हे सदा चाहा
अपनी रूह मे तुम्हे बसाया है
खुद से खुद ही सदा किया बाते

तुमसे कहने से बात डरते है
कैसा ये प्यार ,कैसा पागल पन

बेझिझक लोग ऐसा कहते है
हम्माद" क्या लोग प्यार करते है

38. बदनाम

जिसको समझा अपना वो बदनाम कर गया।
इश्क़ उसने किया मुझे अंजान कर गया ।
एक दिन उसके भाई से मेरी दोस्ती हूई।
खुद कत्ल करके मुझको सरेआम कर गया

39. इश्क़ ए राह

इश्क़ जीना भी सीखा देता है
इश्क़ मरना भी सीखा देता है
मोहब्बत एक से करना यारो
इश्क़ मिटना भी सिखा देता है

40. आता

मोहब्बत मे मेरी औकात, न देख गालिब
हुक्म पर आपके पैदल ही चला आता हूँ

41. पूछता नही

कैसे मिट जाती है हस्ती रुबाब सी यारो
कोई बेगाना समझ कर अब मुझे पूछता नही

42. बेदर्द ज़माना

लगता है कि नफरत का, अम्बार है साहिब
नफरत के ही काटों से, परेशान है साहिब
एक फूल किसी गैर को , देकर तो देखिये
तब ही पता चलेगा, कि अंजान है साहिब
पूजा-नमाज़ से नही ,कुछ भी मिले यहाँ
बेदर्द जमाने मे ,गिरफ्तार है साहिब

43. इश्क़

जात पात पर बाँट दिया है,इश्क़ नही होता है अब
दुरियां इतनी बढ़ती गई है,इश्क़ नही होता है अब
पहले सबको एक नज़र मे ,इश्क़ का चढ़ जाता था खुमार
गन्दी सियासत बढ़ जाने से ,इश्क़ नही होता है अब
पहले प्यार का पहला संदेशा लेकर कबूतर आता था
ठेकेदार के आ जाने से,इश्क़ नही होता है अब

44. हिसाब मांगेगा

मेरे लहू का हर कतरा ,हिसाब मांगेगा
हमारे बदले वो तेरा ,ज़वाल मांगेगा
किसी गरीब की झोली पर तुम ,नज़र डालो
गरीब तुमसे अभी भी ,किताब मांगेगा
बुरा लगे तो ,समुंदर को भी बता देना
वो चाय का नही ,खूँ का हिसाब मांगेगा

45. जनाज़ा

जनाजा जब भी उठता है,तो रो देते है घर वाले
हसीं उनको ही आती है,जो दुश्मन हो जनाज़े का
-हम्माद कानपुरी

www.ingramcontent.com/pod-product-compliance
Lightning Source LLC
La Vergne TN
LVHW042001060526
838200LV00041B/1822
* 9 7 8 1 6 4 7 8 3 8 3 7 9 *